Christelle Huet-Gomez
Fotos: Valéry Guédes

Pasta Cakes

Die besten Ideen für pikante Nudel-Kuchen

Bassermann

Inhalt

Grundlagen

Bindemittel

Bei Pasta-Kuchen werden die einzelnen Zutaten bzw. Schichten mit einer Sauce gebunden. Damit die Torte nicht auseinanderfällt, sollte also immer reichlich Sauce vorhanden sein.

Auch geriebener oder gewürfelter Käse ist ein ausgezeichnetes Bindemittel.

Formen

Pasta-Kuchen werden im Ofen entweder in Back- oder Auflaufformen, in Backrahmen oder -ringen oder in halbkugelförmigen hitzebeständigen Schüsseln gebacken. Damit sich die Torten gut herauslösen lassen, sollten die Formen vor dem Backen mit Butter oder Öl eingefettet werden. Es ist aber auch möglich, die Formen mit Backpapier auszukleiden.

Es empfiehlt sich, die Torten nach dem Backen 10 Minuten ruhen zu lassen, bevor sie aus der Form gelöst bzw. gestürzt werden.

Mehrschichtige Pasta Cakes

Damit die Schichten gut zusammenhalten, wird die eingefettete Form vollständig mit Gemüsescheiben, Teig- oder Lasagneplatten ausgekleidet, bevor die Schichten eingefüllt werden.

Pasta-Sorten

Spargel & Ziegenkäse

Vorbereitungszeit 25 Minuten – Backzeit 15 Minuten – Ruhezeit 10 Minuten

Für 4 Personen
380 g Rigatoni
180 g grüner Spargel
300 g passierte Tomaten
150 g Ziegenfrischkäse
1 TL frisch gehackte Petersilie
1 TL frisch gehackter Estragon
100 g Grana Padano, gerieben
Salz, Pfeffer

Form
Backrahmen, 20 x 20 cm

Die Pasta in kochendem Salzwasser bissfest garen, dann abgießen und unter fließendem kaltem Wasser abschrecken. Den Backrahmen auf ein mit Backpapier belegtes Backblech stellen und die Rigatoni aufrecht hineinsetzen.

Den Backofen auf 180 °C (Ober- und Unterhitze) vorheizen. Die Spargel-stangen putzen und 15 Minuten in kochendem Salzwasser garen. Abgießen und abtropfen lassen.

Die passierten Tomaten in einer Schüssel mit Ziegenfrischkäse, Petersilie und Estragon glatt rühren. Mit Salz und Pfeffer würzen. Die Spargelstangen in Stücke schneiden und in die Pasta stecken. Mit der Saucenmischung über-ziehen und mit dem Grana Padano bestreuen. Im vorgeheizten Ofen 15 Minu-ten backen. Den Pasta-Kuchen 10 Minuten ruhen lassen, dann aus der Form lösen und sofort servieren.

Aubergine & Ricotta

Vorbereitungszeit 25 Minuten – Backzeit 10 Minuten – Ruhezeit 10 Minuten

Für 4 Personen
200 g Gobbetti
1 Aubergine
2 EL Olivenöl
1 Zucchini
1 Zwiebel
400 g geschälte Tomaten
   aus der Dose (Abtropfgewicht)
400 g passierte Tomaten
150 g Ricotta
1 EL gehacktes Basilikum
3 Eier
250 g Mozzarella
Salz, Pfeffer

Form
hitzebeständige Schüssel

Die Pasta in kochendem Salzwasser bissfest garen, dann abgießen und unter fließendem kaltem Wasser abschrecken.

Den Backofen auf 180 °C (Ober- und Unterhitze) vorheizen. Die Aubergine längs in dünne Scheiben schneiden. 1 Esslöffel Öl in einer großen Pfanne erhitzen und die Auberginenscheiben darin bei mittlerer Hitze 1 Minute von jeder Seite braten. Die Schüssel einfetten und mit den Auberginenscheiben auskleiden.

Die Zucchini grob schälen und in Würfel schneiden. Die Zwiebel abziehen und fein würfeln. Das restliche Öl in der Pfanne erhitzen und die Zucchini-würfel darin bei mittlerer Hitze 5 Minuten braten. Die Tomaten abtropfen lassen, halbieren und andrücken. Die Pasta in einer zweiten Schüssel mit Zucchiniwürfeln, passierten Tomaten, Ricotta, Zwiebel und Basilikum vermengen. Mit Salz und Pfeffer würzen. Ein Drittel der Mischung in die Form füllen.

Die Eier in einem Topf Wasser 6 Minuten wachsweich kochen, dann unter kaltem Wasser abschrecken und schälen. Längs halbieren und die Pasta-Schicht damit belegen. Ein zweites Drittel der Pasta-Mischung darauf verteilen und mit den halbierten Tomaten bedecken. Die restliche Pasta-Mischung darübergeben. Den Mozzarella würfeln und auf der Pasta-Schicht verteilen. Im vorgeheizten Ofen 10 Minuten backen. Den Pasta-Kuchen 10 Minuten ruhen lassen, aus der Schüssel stürzen und sofort servieren.

Tomate & Basilikum

Vorbereitungszeit 20 Minuten – Backzeit 15 Minuten – Ruhezeit 10 Minuten

Für 4 Personen

300 g Orecchiette

600 g geschälte Tomaten aus der Dose
(Abtropfgewicht)

2 EL frisch gehacktes Basilikum

100 g Parmesan, gerieben

100 g Sahne

150 g passierte Tomaten

Salz, Pfeffer

Form

hitzebeständige Schüssel

Die Pasta in kochendem Salzwasser bissfest garen, dann abgießen und unter fließendem kaltem Wasser abschrecken.

Den Backofen auf 180 °C (Ober- und Unterhitze) vorheizen. Die Schüssel einfetten. Die Tomaten abtropfen lassen, halbieren und andrücken, um die Kerne herauszulösen. Die Schüssel vollständig damit auskleiden.

Die Pasta in einer zweiten Schüssel mit Basilikum, Parmesan, Sahne und passierten Tomaten vermengen. Mit Salz und Pfeffer würzen. In die Schüssel füllen und im vorgeheizten Ofen 15 Minuten backen. Den Pasta-Kuchen 10 Minuten ruhen lassen, aus der Schüssel stürzen und sofort servieren.

Italienischer Timballo

Vorbereitungszeit 30 Minuten – Backzeit 15 Minuten – Ruhezeit 10 Minuten

Für 4 Personen

250 g dreifarbige Fusilli
1 rote Paprikaschote
1 gelbe Paprikaschote
1 grüne Paprikaschote
1 Zucchini
3 EL Olivenöl
200 g gehackte Tomaten aus der Dose
250 g Mozzarella, gerieben
3 Eier
Salz, Pfeffer
1 EL frisch gehacktes Basilikum

Form

hohe Auflaufform, 18 cm Durchmesser

Die Pasta in kochendem Salzwasser bissfest garen, dann abgießen und unter fließendem kaltem Wasser abschrecken.

Paprikaschoten und Zucchini in Würfel schneiden. 1 Esslöffel Olivenöl in einer großen Pfanne erhitzen und die roten Paprikawürfel darin 5 Minuten bei mittlerer Hitze dünsten. In eine Schüssel füllen. Die gelben Paprikawürfel mit 1 weiteren Esslöffel Olivenöl ebenso garen und in eine zweite Schüssel füllen. Nun das restliche Olivenöl in der Pfanne erhitzen und grüne Paprikawürfel und Zucchini darin 5 Minuten bei mittlerer Hitze garen. In eine dritte Schüssel füllen.

Inzwischen den Backofen auf 180 °C (Ober- und Unterhitze) vorheizen und die Form mit Butter einfetten. Die roten Paprikawürfel mit roten Fusilli, gehackten Tomaten, einem Drittel des Mozzarellas und 1 Ei vermengen. Salzen und pfeffern. Die Mischung in die vorbereitete Form füllen.

Die gelben Paprikawürfel mit gelben Fusilli, 1 Ei und einem weiteren Drittel Mozzarella vermengen. Salzen und pfeffern. In die Form füllen.

Die grünen Paprikawürfel mit grünen Fusilli und Zucchini, Basilikum und restlichem Mozzarella vermengen. Salzen und pfeffern. In die Form füllen. Im vorgeheizten Ofen 15 Minuten backen. Den Pasta-Kuchen 10 Minuten ruhen lassen, dann aus der Form stürzen und sofort servieren.

Kürbis & Haselnuss

Vorbereitungszeit 30 Minuten – Backzeit 30 Minuten – Ruhezeit 10 Minuten

Für 4 Personen

380 g Rigatoni
1 Hokkaido-Kürbis
2 Eier
50 g Parmesan, gerieben
150 ml Béchamelsauce (siehe Seite 34,
   gut ½ Rezeptmenge)
½ TL frisch geriebene Muskatnuss
Salz, Pfeffer
80 g Haselnusskerne

Form

Backring, 24 cm Durchmesser

Die Pasta in kochendem Salzwasser bissfest garen, dann abgießen und unter fließendem kaltem Wasser abschrecken. Den Backring auf ein mit Backpapier belegtes Backblech stellen und die Rigatoni aufrecht hineinsetzen.

Den Kürbis schälen und entkernen. In Würfel schneiden und 15 Minuten sehr weich dämpfen. Inzwischen den Backofen auf 180 °C (Ober- und Unterhitze) vorheizen.

Die Kürbiswürfel mit dem Stabmixer oder im Standmixer mit Eiern, Parmesan, Béchamelsauce und Muskatnuss pürieren. Mit Salz und Pfeffer würzen. Die Rigatoni mit der Kürbismischung überziehen. Die Haselnusskerne grob hacken und auf der Pasta-Torte verteilen. Im vorgeheizten Ofen 15 Minuten backen. Den Pasta-Kuchen 10 Minuten ruhen lassen, dann aus der Form lösen und sofort servieren.

Pesto

Vorbereitungszeit 40 Minuten – Backzeit 40 Minuten – Ruhezeit 10 Minuten

Für 4 Personen
300 g Pipe rigate
2 EL Olivenöl
1 Packung Blätterteig (Kühlregal)
1 Zucchini
2 Knoblauchzehen
50 g Pinienkerne
250 g Sahne
60 g Parmesan, gerieben
3 EL frisch gehacktes Basilikum
Salz, Pfeffer
100 g Kidneybohnen aus der Dose
 (Abtropfgewicht)
100 g Erbsen

Form
hitzebeständige Schüssel

Die Pasta in kochendem Salzwasser bissfest garen, dann abgießen und unter fließendem kaltem Wasser abschrecken.

Den Backofen auf 180 °C (Ober- und Unterhitze) vorheizen. Die Schüssel mit etwas Olivenöl dünn einfetten und mit dem Blätterteig auskleiden. Die Zucchini würfeln. Den Knoblauch abziehen und zerdrücken. Das restliche Olivenöl in einer Pfanne erhitzen und die Zucchiniwürfel mit Pinienkernen und Knoblauch darin bei mittlerer Hitze 5 Minuten braten.

Die Zucchinimischung in einer zweiten Schüssel mit Pasta, Sahne, Parmesan und Basilikum vermengen. Mit Salz und Pfeffer würzen. Die Hälfte der Mischung in die Schüssel füllen.

Die Bohnen abtropfen lassen und auf der Pasta-Mischung verteilen. Die Erbsen 1 Minute in kochendem Salzwasser blanchieren. Abgießen und unter fließendem kaltem Wasser abschrecken. Auf den Bohnen verteilen und mit der restlichen Pasta-Mischung bedecken. Im vorgeheizten Ofen 40 Minuten backen. Den Pasta-Kuchen 10 Minuten ruhen lassen, dann aus der Schüssel stürzen und sofort servieren.

Trüffel & Pilze

Vorbereitungszeit 20 Minuten – Backzeit 15 Minuten – Ruhezeit 10 Minuten

Für 4 Personen
380 g Rigatoni
300 g gemischte Pilze
1 TL Butter
25 g schwarze Trüffel, gehackt
200 g Sahne
100 g Mascarpone
Salz, Pfeffer

Form
Backring, 24 cm Durchmesser

Die Pasta in kochendem Salzwasser bissfest garen, dann abgießen und unter fließendem kaltem Wasser abschrecken. Den Backring auf ein mit Backpapier belegtes Backblech stellen und die Rigatoni aufrecht hineinsetzen.

Den Backofen auf 180 °C (Ober- und Unterhitze) vorheizen. Die Pilze fein hacken. Die Butter in einer Pfanne bei mittlerer Hitze zerlassen und die Pilze darin 10 Minuten braten.

Die Pilze in einer Schüssel mit Trüffeln, Sahne und Mascarpone verrühren. Mit Salz und Pfeffer würzen. Die Masse in einen Spritzbeutel füllen und in die Rigatoni spritzen. Im vorgeheizten Ofen 15 Minuten backen. Den Pasta-Kuchen 10 Minuten ruhen lassen, dann aus der Form lösen und sofort servieren.

Artischocken & Feta

Vorbereitungszeit 20 Minuten – Backzeit 15 Minuten – Ruhezeit 10 Minuten

Für 4 Personen
250 g Vollkorn-Penne
200 g Feta
150 g Artischockenherzen aus der Dose
  (Abtropfgewicht)
70 g entsteinte grüne Oliven
200 g passierte Tomaten
Salz, Pfeffer
1 TL Butter

Form
Backform, 22 cm Durchmesser

Die Pasta in kochendem Salzwasser bissfest garen, dann abgießen und unter fließendem kaltem Wasser abschrecken.

Den Backofen auf 180 °C (Ober- und Unterhitze) vorheizen. Den Feta würfeln. Die Artischockenherzen halbieren. Die Oliven in Ringe schneiden.

Die Pasta in einer Schüssel mit Feta, Oliven, Artischocken und passierten Tomaten vermengen. Mit Salz und Pfeffer würzen. Die Form mit der Butter einfetten und die Pasta-Mischung einfüllen. Im vorgeheizten Ofen 15 Minuten backen. Den Pasta-Kuchen 10 Minuten ruhen lassen, dann aus der Form lösen und sofort servieren.

Mac & Cheese

Vorbereitungszeit 15 Minuten – Backzeit 15 Minuten – Ruhezeit 10 Minuten

Für 4 Personen
250 g Maccheroni
250 ml Béchamelsauce (siehe Seite 34,
    doppelte Rezeptmenge)
30 g Butter
100 g Cheddar, gerieben
40 g Semmelbrösel

Form
Backform, 22 cm Durchmesser

Die Pasta in kochendem Salzwasser bissfest garen, dann abgießen und unter fließendem kaltem Wasser abschrecken.

Den Backofen auf 180 °C (Ober- und Unterhitze) vorheizen. Die Béchamelsauce in einem Topf erhitzen. 20 g Butter und den Käse zugeben und rühren, bis beides vollständig geschmolzen ist. Die Semmelbrösel untermischen.

Die Pasta zugeben und unterheben. Die Form mit der restlichen Butter einfetten und die Pasta-Mischung einfüllen. Im vorgeheizten Ofen 15 Minuten backen. Den Pasta-Kuchen 10 Minuten ruhen lassen, dann aus der Form lösen und sofort servieren.

Quattro Formaggi

Vorbereitungszeit 30 Minuten – Backzeit 15 Minuten – Ruhezeit 10 Minuten

Für 4 Personen
380 g Rigatoni
300 g Sahne
80 g Parmesan, gerieben
100 g Gorgonzola
125 g Mozzarella
150 g Grana Padano, gerieben
1 Prise frisch geriebene Muskatnuss
Salz, Pfeffer

Form
Backring, 24 cm Durchmesser

Die Pasta in kochendem Salzwasser bissfest garen, dann abgießen und unter fließendem kaltem Wasser abschrecken. Den Backring auf ein mit Backpapier belegtes Backblech stellen und die Rigatoni aufrecht hineinsetzen.

Den Backofen auf 180 °C (Ober- und Unterhitze) vorheizen. Die Sahne in einem Topf erhitzen. Parmesan, Gorgonzola, Mozzarella und Grana Padano zugeben und so lange rühren, bis der Käse vollständig geschmolzen ist. Mit Muskatnuss, Salz und Pfeffer würzen.

Die Masse in einen Spritzbeutel füllen und in die Rigatoni spritzen. Im vorgeheizten Ofen 15 Minuten backen. Den Pasta-Kuchen 10 Minuten ruhen lassen, dann aus der Form lösen und sofort servieren.

Speck & Käse

Vorbereitungszeit 15 Minuten – Backzeit 15 Minuten – Ruhezeit 10 Minuten

Für 4 Personen

300 g Penne
1 Zwiebel
100 g Speckstreifen
½ Reblochon (halbfester Schnittkäse
  aus Kuhmilch, ersatzweise Brie)
150 g Sahne
Salz, Pfeffer
1 TL Butter

Form

Backform, 22 cm Durchmesser

Die Pasta in kochendem Salzwasser bissfest garen, dann abgießen und unter fließendem kaltem Wasser abschrecken.

Den Backofen auf 180 °C (Ober- und Unterhitze) vorheizen. Die Zwiebel abziehen und fein hacken. Die Speckstreifen in einer Pfanne bei mittlerer Hitze 5 Minuten ohne Fettzugabe braten. Die Käserinde abschneiden und den Käse würfeln.

Die Pasta in einer Schüssel mit Speckstreifen, Zwiebel, Sahne und Käse vermengen. Mit Salz und Pfeffer würzen. Die Form mit der Butter einfetten und die Pasta-Mischung einfüllen. Im vorgeheizten Ofen 15 Minuten backen. Den Pasta-Kuchen 10 Minuten ruhen lassen, dann aus der Form lösen und sofort servieren.

Gorgonzola & Walnuss

Vorbereitungszeit 15 Minuten – Backzeit 15 Minuten – Ruhezeit 10 Minuten

Für 4 Personen
300 g Spaghetti
150 g Gorgonzola
150 g Walnusskerne
1 EL Butter
250 g Rinderhackfleisch
200 g Sahne
60 g Parmesan, gerieben
Salz, Pfeffer

Form
Backform, 22 cm Durchmesser

Die Pasta in kochendem Salzwasser bissfest garen, dann abgießen und unter fließendem kaltem Wasser abschrecken.

Den Backofen auf 180 °C (Ober- und Unterhitze) vorheizen. Den Gorgonzola in kleine Stücke schneiden. Die Walnusskerne grob hacken und in einer Pfanne bei mittlerer Hitze 5 Minuten ohne Fettzugabe rösten. Auf einen Teller geben und beiseitestellen. Nun etwas Butter in der Pfanne zerlassen und das Hackfleisch darin bei starker Hitze 5 Minuten braten.

Die Pasta in einer Schüssel mit Walnussstücken, Gorgonzola, Hackfleisch, Sahne und Parmesan vermengen. Mit Salz und Pfeffer würzen. Die Form mit der restlichen Butter einfetten und die Pasta-Mischung einfüllen. Im vorgeheizten Ofen 15 Minuten backen. Den Pasta-Kuchen 10 Minuten ruhen lassen, dann aus der Form lösen und sofort servieren.

Bolognese

Vorbereitungszeit 45 Minuten – Backzeit 15 Minuten – Ruhezeit 10 Minuten

Für 4 Personen
380 g Rigatoni
1 Karotte
2 Stangen Sellerie
1 Zwiebel
1 Knoblauchzehe
1 EL Butter
350 g Rinderhackfleisch
150 g Wurstbrät
400 g passierte Tomaten
150 g Gran Padano, gerieben
Salz, Pfeffer

Béchamelsauce
(Ergibt 250 ml)
2 EL Butter
2 EL Mehl
250 ml Milch
1 Prise Salz
1 Prise weißer Pfeffer
1 Prise Muskatnuss

Form
Backring, 24 cm
  Durchmesser

Die Pasta in kochendem Salzwasser bissfest garen, dann abgießen und unter fließendem kaltem Wasser abschrecken. Den Backring auf ein mit Backpapier belegtes Backblech stellen und die Rigatoni aufrecht hineinsetzen.

Den Backofen auf 180 °C (Ober- und Unterhitze) vorheizen. Die Karotte schälen und sehr fein würfeln. Die Selleriestangen waschen und sehr fein würfeln. Die Zwiebel abziehen und fein hacken. Den Knoblauch abziehen und zerdrücken. Etwas Butter in einer Pfanne bei niedriger Hitze zerlassen und Karotte, Sellerie, Zwiebel und Knoblauch darin 3 Minuten unter ständigem Rühren dünsten. Hackfleisch und Wurstbrät untermischen und weitere 5 Minuten garen. Die passierten Tomaten einrühren und 5 Minuten weiterköcheln lassen. Mit Salz und Pfeffer würzen.

Inzwischen für die Béchamelsauce die Butter auf mittlerer Stufe in einem kleinen Topf zerlassen. Das Mehl darüberstreuen und 2–3 Minuten unter Rühren anschwitzen. Langsam die Milch zugießen, dabei ständig rühren. Mit Salz, Pfeffer und Muskatnuss würzen. 8–10 Minuten auf sehr kleiner Stufe unter gelegentlichem Rühren weitererhitzen.

Die Fleischmasse in einen Spritzbeutel füllen und in die Rigatoni spritzen. Mit der Béchamelsauce überziehen und mit dem Käse bestreuen. Im vorgeheizten Ofen 15 Minuten backen. Den Pasta-Kuchen 10 Minuten ruhen lassen, dann aus der Form lösen und sofort servieren.

Carbonara-Ring

Vorbereitungszeit 20 Minuten – Backzeit 25 Minuten – Ruhezeit 10 Minuten

Für 4 Personen
300 g Gobbetti
300 g Speckscheiben
3 Eier
200 g Sahne
50 g Parmesan, gerieben
50 g Pecorino, gerieben
Salz, Pfeffer

Form
Ring- oder Kranzform,
    24 cm Durchmesser

Die Pasta in kochendem Salzwasser bissfest garen, dann abgießen und unter fließendem kaltem Wasser abschrecken.

Den Backofen auf 210 °C (Ober- und Unterhitze) vorheizen. Die Form mit den Speckscheiben auskleiden, sodass die Enden überstehen. Die Pasta in einer Schüssel mit Eiern, Sahne, Parmesan und Pecorino vermengen. Mit Salz und Pfeffer würzen. Die Pasta-Mischung in die Form füllen und die überstehenden Enden der Speckscheiben darüberschlagen. Im vorgeheizten Ofen 25 Minuten backen. Den Pasta-Kuchen 10 Minuten ruhen lassen, dann aus der Form stürzen und sofort servieren.

Chorizo, Tomate & Ricotta

Vorbereitungszeit 20 Minuten – Backzeit 10 Minuten – Ruhezeit 10 Minuten

Für 4 Personen
250 g Penne
1 Zwiebel
1 Knoblauchzehe
1 EL Butter
220 g geschälte Tomaten aus der Dose
  (Abtropfgewicht)
200 g Chorizo
300 g passierte Tomaten
150 g Ricotta
2 TL frisch gehacktes Basilikum

Form
Kastenform

Die Pasta in kochendem Salzwasser bissfest garen, dann abgießen und unter fließendem kaltem Wasser abschrecken.

Den Backofen auf 180 °C (Ober- und Unterhitze) vorheizen. Zwiebel und Knoblauch abziehen. Die Zwiebel fein hacken, den Knoblauch zerdrücken. Etwas Butter in einer Pfanne bei mittlerer Hitze zerlassen. Zwiebel und Knoblauch darin 5 Minuten dünsten. Die Tomaten halbieren und andrücken, um die Kerne herauszulösen. Die Chorizo in Scheiben schneiden.

Die Pasta in einer Schüssel mit passierten Tomaten, Tomaten, Ricotta, Chorizo, Zwiebel und Knoblauch sowie Basilikum vermengen. Die Form mit der restlichen Butter einfetten und die Pasta-Mischung einfüllen. Im vorgeheizten Ofen 10 Minuten backen. Den Pasta-Kuchen 10 Minuten ruhen lassen, dann aus der Form sturzen und sofort servieren.

Kohl & Co.

Vorbereitungszeit 35 Minuten – Backzeit 20 Minuten – Ruhezeit 10 Minuten

Für 6 Personen
150 g Lasagneplatten
200 g Blumenkohlröschen
1 Weißkohl
150 g Romanescoröschen
1 EL Butter
200 g Sahne
1 Gewürznelke
1 TL frisch gehackte Petersilie
1 TL Thymian
2 Lorbeerblätter
1 Karotte
2 Stangen Sellerie
1 Zwiebel
200 g Rinderhackfleisch
Salz, Pfeffer

Form
hitzebeständige Schüssel

Die Lasagneplatten in kochendem Salzwasser bissfest garen, dann abgießen und unter fließendem kaltem Wasser abschrecken.

Den Blumenkohl 10 Minuten in einem großen Topf mit kochendem Salzwasser garen. Inzwischen die äußeren Kohlblätter abnehmen. Zusammen mit den Romanescoröschen ebenfalls ins kochende Salzwasser geben und 5 Minuten mitgaren. Alles abgießen und unter fließendem kaltem Wasser abschrecken. Den Backofen auf 180 °C (Ober- und Unterhitze) vorheizen.

Die Schüssel mit etwas Butter einfetten und mit den Kohlblättern auskleiden. Mit einer Schicht Lasagneplatten bedecken. Die Blumenkohl- und Romanescoröschen in einer zweiten Schüssel mit der Hälfte der Sahne, Gewürznelke, Petersilie, Thymian und Lorbeerblättern vermengen. Die Hälfte davon in die ausgelegte Schüssel füllen und mit einer Schicht Lasagneplatten bedecken.

Die Karotte schälen, die Selleriestangen waschen. Karotte und Sellerie in Würfel schneiden. Die Zwiebel abziehen und grob hacken. Die restliche Butter in einer Pfanne bei mittlerer Hitze zerlassen und das Gemüse darin 3 Minuten dünsten. Hackfleisch und restliche Sahne untermischen. Mit Salz und Pfeffer würzen und 5 Minuten unter ständigem Rühren garen. In die ausgelegte Schüssel füllen und mit einer Schicht Lasagneplatten abdecken.

Die restliche Blumenkohlmischung darauf verteilen und mit den restlichen Lasagneplatten abdecken. Im vorgeheizten Ofen 20 Minuten backen. Den Pasta-Kuchen 10 Minuten ruhen lassen, dann aus der Schüssel stürzen und sofort servieren.

Pute & Pilze

Vorbereitungszeit 40 Minuten – Backzeit 15 Minuten – Ruhezeit 10 Minuten

Für 6 Personen
250 g Ziti
100 g Speckscheiben
200 g Putenbrustfilet
2 EL Butter
Salz, Pfeffer
300 g passierte Tomaten
40 g Semmelbrösel
220 g gemischte Pilze
3 Eier
150 g Erbsen
150 g grüne Bohnen
150 ml Béchamelsauce (siehe Seite 34,
    gut ½ Rezeptmenge)

Form
hohe Auflaufform, 18 cm Durchmesser

Die Pasta in kochendem Salzwasser bissfest garen, dann abgießen und unter fließendem kaltem Wasser abschrecken.

Den Backofen auf 180 °C (Ober- und Unterhitze) vorheizen. Die Speckscheiben in einer Pfanne 5 Minuten bei starker Hitze braten. Beiseitestellen. Das Putenbrustfilet in kleine Würfel schneiden. Etwas Butter bei mittlerer Hitze in der Pfanne zerlassen und die Putenbrustwürfel darin 10 Minuten braten. Mit Salz und Pfeffer würzen. Passierte Tomaten und Semmelbrösel untermischen. In eine Schüssel füllen.

Die Pilze putzen und in kleine Stücke schneiden. Noch etwas Butter bei mittlerer Hitze in der Pfanne zerlassen und die Pilze darin 5 Minuten braten. Die Eier in einem Topf Wasser 6 Minuten wachsweich kochen. Abgießen und unter fließendem kaltem Wasser abschrecken. Schälen und halbieren.

Erbsen und Bohnen 5 Minuten in kochendem Salzwasser garen. Abgießen und unter fließendem kaltem Wasser abschrecken. In einer zweiten Schüssel mit der Béchamelsauce vermengen.

Die Form mit der restlichen Butter einfetten. Boden und Rand der Form mit den Ziti auskleiden. Erst die Pilze, dann die Putenbrustwürfel mit passierten Tomaten, die Eier, dann Erbsen und Bohnen in der Béchamelsauce und zuletzt die Speckscheiben hineinschichten. Im vorgeheizten Ofen 15 Minuten backen. Den Pasta-Kuchen 10 Minuten ruhen lassen, dann aus der Form stürzen und sofort servieren.

Hähnchen & Käse

Vorbereitungszeit 20 Minuten – Backzeit 15 Minuten – Ruhezeit 10 Minuten

Für 4 Personen
250 g Anelli
300 g Hähnchenbrustfilet
1 EL Butter
200 g Sahne
200 g Cheddar, gerieben
100 g geröstete gesalzene Erdnüsse
Pfeffer

Form
Ring- oder Kranzform,
 24 cm Durchmesser

Die Pasta in kochendem Salzwasser bissfest garen, dann abgießen und unter fließendem kaltem Wasser abschrecken.

Den Backofen auf 180 °C (Ober- und Unterhitze) vorheizen. Das Hähnchenbrustfilet in kleine Würfel schneiden. Etwas Butter in einer Pfanne bei mittlerer Hitze zerlassen und die Hähnchenbrustwürfel darin 10 Minuten braten.

Die Sahne in einem Topf erhitzen. Den Käse zugeben und rühren, bis er geschmolzen ist. Hähnchenbrustwürfel, Erdnüsse und Pasta untermischen. Mit Pfeffer würzen. Die Form mit der restlichen Butter einfetten und die Pasta-Mischung einfüllen. Im vorgeheizten Ofen 15 Minuten backen. Den Pasta-Kuchen 10 Minuten ruhen lassen, dann aus der Form stürzen und sofort servieren.

Kalbfleisch & Safran

Vorbereitungszeit 40 Minuten – Backzeit 15 Minuten – Ruhezeit 10 Minuten

Für 4 Personen
250 g Linguine
150 g Kalbschnitzel
1 EL Butter
Salz, Pfeffer
125 g roher Schinken in Scheiben
2 Eier
50 g Parmesan, gerieben
1 Msp. Safranfäden
100 ml Béchamelsauce (siehe Seite 34, knapp ½ Rezeptmenge)

Form
Backrahmen, 20 cm Seitenlänge

Die Pasta in kochendem Salzwasser bissfest garen, dann abgießen und unter fließendem kaltem Wasser abschrecken.

Den Backofen auf 180 °C (Ober- und Unterhitze) vorheizen. Den Backrahmen auf ein mit Backpapier belegtes Backblech stellen. Das Kalbfleisch in kleine Stücke schneiden. Etwas Butter in einer Pfanne bei mittlerer Hitze zerlassen und das Kalbfleisch darin 10 Minuten braten. Mit Salz und Pfeffer würzen. Den rohen Schinken in Streifen schneiden.

Die Pasta in einer Schüssel mit Kalbfleisch, Eiern, Schinkenstreifen, Parmesan, Safran und Béchamelsauce vermengen. In die Form füllen und im vorgeheizten Ofen 15 Minuten backen. Den Pasta-Kuchen 10 Minuten ruhen lassen, dann aus der Form lösen und sofort servieren.

Wurst

Vorbereitungszeit 25 Minuten – Backzeit 15 Minuten – Ruhezeit 10 Minuten

Für 4 Personen
250 g Maccheroni
2 EL Butter
350 g Wurstbrät
1 Zwiebel
1 Karotte
150 g Cocktailtomaten
400 g passierte Tomaten
100 g Emmentaler, gerieben
Salz, Pfeffer

Form
hohe Auflaufform, 22 cm Durchmesser

Die Pasta in kochendem Salzwasser bissfest garen, dann abgießen und unter fließendem kaltem Wasser abschrecken.

Den Backofen auf 180 °C (Ober- und Unterhitze) vorheizen. Etwas Butter in einer Pfanne bei mittlerer Hitze zerlassen und das Wurstbrät darin 10 Minuten braten. In eine Schüssel geben.

Die Zwiebel abziehen und fein hacken. Etwas Butter in der Pfanne bei mittlerer Hitze zerlassen und die Zwiebel darin 5 Minuten dünsten. Inzwischen die Karotte schälen, in kleine Stücke schneiden und 5 Minuten in kochendem Salzwasser garen. Abgießen und unter fließendem kaltem Wasser abschrecken. Die Tomaten halbieren.

Die Pasta in einer Schüssel mit passierten Tomaten, Cocktailtomaten, Zwiebel, Karotte und Käse vermengen. Mit Salz und Pfeffer würzen. Das Wurstbrät untermischen. Die Form mit der restlichen Butter einfetten und die Pasta-Mischung einfüllen. Im vorgeheizten Ofen 15 Minuten backen. Den Pasta-Kuchen 10 Minuten ruhen lassen, dann aus der Form stürzen und sofort servieren.

Kaninchen & Oliven

Vorbereitungszeit 30 Minuten – Backzeit 40 Minuten – Ruhezeit 10 Minuten

Für 6 Personen

250 g Fusilli
300 g ausgelöster Kaninchenrücken
1 Zwiebel
220 g Champignons
1 EL Butter
150 g Sahne
100 ml Weißwein
3 Lorbeerblätter
1 EL frisch gehackte Petersilie
2 EL Senf
Salz, Pfeffer
60 g entsteinte grüne Oliven
60 g entsteinte schwarze Oliven
1 Packung Mürbeteig (Kühlregal)

Form

hohe Auflaufform,
    18 cm Durchmesser

Die Pasta in kochendem Salzwasser bissfest garen, dann abgießen und unter fließendem kaltem Wasser abschrecken.

Den Backofen auf 180 °C (Ober- und Unterhitze) vorheizen. Das Kaninchenfleisch in kleine Stücke schneiden. Die Zwiebel abziehen und fein hacken. Die Champignons putzen und ebenfalls hacken. Etwas Butter in einer Pfanne bei mittlerer Hitze zerlassen und das Kaninchenfleisch mit Zwiebel und Pilzen 5 Minuten darin braten. Sahne, Wein, Lorbeerblätter, Petersilie und Senf zufügen. Mit Salz und Pfeffer würzen und 10 Minuten bei niedriger Hitze köcheln lassen. Die Pasta untermischen.

Die Form mit der restlichen Butter einfetten und mit dem Mürbeteig auskleiden. Die Hälfte der Pasta-Mischung einfüllen. Die Oliven darauf verteilen und mit der restlichen Pasta-Mischung bedecken. Im vorgeheizten Ofen 40 Minuten backen. Den Pasta-Kuchen 10 Minuten ruhen lassen, dann aus der Form stürzen und sofort servieren.

Schinken & Spinat

Vorbereitungszeit 40 Minuten – Backzeit 15 Minuten – Ruhezeit 10 Minuten

Für 4 Personen
380 g Rigatoni
1 Zwiebel
1 EL Butter
250 g Blattspinat
1 EL Olivenöl
150 g Kochschinken in Scheiben
100 g Parmesan, gerieben
250 ml Béchamelsauce (siehe Seite 34)
Salz, Pfeffer

Form
Backring, 24 cm Durchmesser

Die Pasta in kochendem Salzwasser bissfest garen, dann abgießen und unter fließendem kaltem Wasser abschrecken. Den Backring auf ein mit Backpapier belegtes Backblech stellen und die Rigatoni aufrecht hineinsetzen.

Den Backofen auf 180 °C (Ober- und Unterhitze) vorheizen. Die Zwiebel abziehen und fein hacken. Etwas Butter in einer Pfanne bei mittlerer Hitze zerlassen und die Zwiebel darin 5 Minuten dünsten. Den Spinat waschen und putzen. Das Olivenöl in einem Topf erhitzen und den Spinat darin bei starker Hitze 1–2 Minuten zusammenfallen lassen.

Den Spinat mit Zwiebel und Schinken mit dem Stabmixer oder im Standmixer fast glatt pürieren. Parmesan und Béchamelsauce einrühren. Mit Salz und Pfeffer würzen. Die Masse in einen Spritzbeutel füllen und in die Rigatoni spritzen. Im vorgeheizten Ofen 15 Minuten backen. Den Pasta-Kuchen 10 Minuten ruhen lassen, dann aus der Form lösen und sofort servieren.

Pancetta & getrocknete Tomaten

Vorbereitungszeit 20 Minuten – Backzeit 40 Minuten – Ruhezeit 10 Minuten

Für 4 Personen
250 g Fusilli
125 g Pancetta
125 g getrocknete Tomaten
1 Knoblauchzehe
1 EL Olivenöl
80 g Semmelbrösel
150 g Sahne
1 Ei
1 TL Butter
1 Packung Blätterteig (Kühlregal)

Form
Backform, 22 cm Durchmesser

Die Pasta in kochendem Salzwasser bissfest garen, dann abgießen und unter fließendem kaltem Wasser abschrecken.

Den Backofen auf 180 °C (Ober- und Unterhitze) vorheizen. Pancetta und getrocknete Tomaten in kleine Stücke schneiden. Den Knoblauch abziehen und zerdrücken. Das Olivenöl in einer Pfanne erhitzen und den Knoblauch mit den Semmelbröseln darin 3 Minuten bei niedriger Hitze garen.

Die Pasta in einer Schüssel mit Pancetta, Tomaten, Sahne, Ei, Knoblauch und Semmelbröseln vermengen. Die Form mit der Butter einfetten und mit dem Blätterteig auskleiden. Die Pasta-Mischung einfüllen und im vorgeheizten Ofen 40 Minuten backen. Den Pasta-Kuchen 10 Minuten ruhen lassen, dann aus der Form stürzen und sofort servieren.

Lachs & Brokkoli

Vorbereitungszeit 25 Minuten – Backzeit 15 Minuten – Ruhezeit 10 Minuten

Für 4 Personen

150 g Lasagneplatten
150 g Mafaldine
500 g Brokkoli
1 EL Olivenöl
250 g Lachsfilet ohne Haut
1 Ei
100 g Mozzarella, gerieben
150 g Sahne
Salz, Pfeffer
1 TL Butter

Form

hitzebeständige Schüssel

Lasagneplatten und Mafaldine nacheinander in kochendem Salzwasser bissfest garen, dann abgießen und unter fließendem kaltem Wasser abschrecken.

Den Backofen auf 180 °C (Ober- und Unterhitze) vorheizen. Den Brokkoli in Röschen teilen und 10 Minuten in kochendem Salzwasser garen. Abgießen und unter fließendem kaltem Wasser abschrecken. Das Olivenöl in einer Pfanne erhitzen und das Lachsfilet darin 10 Minuten bei mittlerer Hitze braten.

Die Mafaldine in einer Schüssel mit Brokkoli, Lachs, Ei, Mozzarella und Sahne vermengen. Mit Salz und Pfeffer würzen. Die Schüssel einfetten und mit den Lasagneplatten auskleiden. Die Pasta-Mischung einfüllen und im vorgeheizten Ofen 15 Minuten backen. Den Pasta-Kuchen 10 Minuten ruhen lassen, dann aus der Schüssel stürzen und sofort servieren.

Thunfisch & Kapern

Vorbereitungszeit 15 Minuten – Backzeit 15 Minuten – Ruhezeit 10 Minuten

Für 4 Personen
300 g Anelli
280 g Thunfisch im eigenen Saft
    (Abtropfgewicht)
1 Knoblauchzehe
125 g Kapern aus dem Glas
    (Abtropfgewicht)
300 g passierte Tomaten
100 g entsteinte grüne Oliven
1 EL Olivenöl
125 g Grana Padano, gerieben
Salz, Pfeffer
1 TL Butter

Form
Backform, 22 cm Durchmesser

Die Pasta in kochendem Salzwasser bissfest garen, dann abgießen und unter fließendem kaltem Wasser abschrecken.

Den Backofen auf 180 °C (Ober- und Unterhitze) vorheizen. Den Thunfisch abtropfen lassen und in kleine Stücke teilen. Den Knoblauch abziehen und zerdrücken.

Die Pasta in einer Schüssel mit Thunfisch, Kapern, passierten Tomaten, Oliven, Knoblauch, Olivenöl und Käse vermengen. Mit Salz und Pfeffer würzen.
Die Form mit der Butter einfetten und die Pasta-Mischung einfüllen. Im vorgeheizten Ofen 15 Minuten backen. Den Pasta-Kuchen 10 Minuten ruhen lassen, dann aus der Form lösen und sofort servieren.

Räucherlachs & Spinat

Vorbereitungszeit 15 Minuten – Ruhezeit 10 Minuten

Für 4 Personen
250 g Linguine
1 EL Butter
300 g Räucherlachs in Scheiben
250 g Blattspinat
150 g Sahne
2 TL frisch gehackter Dill
80 g Parmesan, gerieben
Salz, Pfeffer

Form
Backform, 22 cm Durchmesser

Die Pasta in kochendem Salzwasser bissfest garen, dann abgießen. Inzwischen die Form mit etwas Butter einfetten und mit den Lachsscheiben auskleiden.

Den Spinat waschen. Die restliche Butter in einem Topf erhitzen und den Spinat darin bei starker Hitze 1–2 Minuten zusammenfallen lassen.

Die heiße Pasta in einer Schüssel mit Spinat, Sahne, Dill und Parmesan vermengen. Mit Salz und Pfeffer würzen. Die Pasta-Mischung in die Form füllen und 10 Minuten ruhen lassen, dann aus der Form stürzen und sofort servieren.

Sardinen

Vorbereitungszeit 20 Minuten – Backzeit 15 Minuten – Ruhezeit 10 Minuten

Für 4 Personen

250 g Penne
200 g Cocktailtomaten
1 Zwiebel
1 EL Butter
210 g Sardinen aus der Dose
 (Abtropfgewicht)
250 ml Béchamelsauce (siehe Seite 34)
75 g Pinienkerne
1 Prise milde Chiliflocken
Salz, Pfeffer

Form
Backform, 22 cm Durchmesser

Die Pasta in kochendem Salzwasser bissfest garen, dann abgießen und unter fließendem kaltem Wasser abschrecken.

Den Backofen auf 180 °C (Ober- und Unterhitze) vorheizen. Die Cocktailtomaten halbieren. Die Zwiebel abziehen. Etwas Butter in einer Pfanne bei mittlerer Hitze zerlassen und die Zwiebel darin 5 Minuten dünsten.

Die Pasta in einer Schüssel mit allen anderen Zutaten vermengen. Mit Salz und Pfeffer würzen. Die Form mit der restlichen Butter einfetten und die Pasta-Mischung einfüllen. Im vorgeheizten Ofen 15 Minuten backen. Den Pasta-Kuchen 10 Minuten ruhen lassen, dann aus der Form lösen und sofort servieren.

Muscheln

Vorbereitungszeit 30 Minuten – Backzeit 15 Minuten – Ruhezeit 10 Minuten

Für 4 Personen

300 g Mini-Penne
1,5 kg frische Miesmuscheln
1 Zwiebel
1 Knoblauchzehe
3 Stangen Sellerie
1 EL Olivenöl
50 ml Weißwein
Saft von ½ Zitrone
150 g Sahne
100 ml Béchamelsauce (siehe Seite 34,
   knapp ½ Rezeptmenge)
50 g Parmesan, gerieben
50 g Grana Padano, gerieben
1 TL Butter

Form

Backform, 22 cm Durchmesser

Die Pasta in kochendem Salzwasser bissfest garen, dann abgießen und unter fließendem kaltem Wasser abschrecken.

Den Backofen auf 180 °C (Ober- und Unterhitze) vorheizen. Die Muscheln kalt abspülen und putzen. In einen großen Topf mit kochendem Wasser geben und bei aufgesetztem Deckel 5 Minuten kochen, bis sie sich geöffnet haben. Abgießen und das Muschelfleisch aus den Schalen lösen.

Zwiebel und Knoblauch abziehen. Die Zwiebel fein hacken, den Knoblauch zerdrücken. Den Sellerie waschen und fein würfeln. Das Olivenöl in einer Pfanne erhitzen und Zwiebel, Knoblauch und Sellerie darin 5 Minuten bei mittlerer Hitze garen. Muscheln und Weißwein untermischen.

Pasta und Muscheln in eine Schüssel geben. Zitronensaft, Sahne, Béchamelsauce und Käse untermischen. Die Form mit der Butter einfetten und die Pasta-Mischung einfüllen. Im vorgeheizten Ofen 15 Minuten backen. Den Pasta-Kuchen 10 Minuten ruhen lassen, dann aus der Form lösen und sofort servieren.

Meeresfrüchte

Vorbereitungszeit 30 Minuten – Backzeit 15 Minuten – Ruhezeit 10 Minuten

Für 6 Personen
250 g Farfalle
2 Zucchini
2 EL Butter
150 g Tintenfischringe
150 g Tomaten
1 Knoblauchzehe
1 EL frisch gehackte Petersilie
Saft von ½ Zitrone
150 g Sahne
100 g Parmesan, gerieben
Salz, Pfeffer
150 g gegarte ausgelöste Miesmuscheln
125 g gegarte ausgelöste Garnelen

Form
hitzebeständige Schüssel

Die Pasta in kochendem Salzwasser bissfest garen, dann abgießen und unter fließendem kaltem Wasser abschrecken.

Den Backofen auf 180 °C (Ober- und Unterhitze) vorheizen. Die Zucchini mit einem Hobel oder einem scharfen Messer längs in 2 mm dicke Bänder schneiden. Die Schüssel mit etwas Butter einfetten und mit den Zucchinibändern auskleiden. Die Zucchinireste klein würfeln. Noch etwas Butter in einer Pfanne zerlassen und die Zucchiniwürfel darin bei starker Hitze 10 Minuten braten. Beiseitestellen.

Die restliche Butter in der Pfanne zerlassen und die Tintenfischringe darin bei starker Hitze 2 Minuten braten. In die Schüssel geben. Die Tomaten würfeln und auf den Tintenfischringen verteilen.

Den Knoblauch abziehen und zerdrücken. Die Pasta in einer Schüssel mit Zucchiniwürfeln, Knoblauch, Petersilie, Zitronensaft, Sahne und Parmesan vermengen. Mit Salz und Pfeffer würzen. Die Hälfte der Pasta-Mischung in die Schüssel füllen. Muscheln und Garnelen darauf verteilen und mit der restlichen Pasta-Mischung bedecken. Im vorgeheizten Ofen 15 Minuten backen. Den Pasta-Kuchen 10 Minuten ruhen lassen, dann aus der Schüssel stürzen und sofort servieren.

Thai

Vorbereitungszeit 20 Minuten – Backzeit 15 Minuten – Ruhezeit 10 Minuten

Für 4 Personen
200 g feine Reisnudeln
1 Zwiebel
1 EL Butter
80 g Bohnensprossen
100 g Tofu
100 g geröstete gesalzene Erdnüsse
125 g gegarte ausgelöste Garnelen
150 g Sahne
1 Ei

Form
Backform, 22 cm Durchmesser

Die Nudeln in kochendem Salzwasser bissfest garen, dann abgießen und unter fließendem kaltem Wasser abschrecken.

Den Backofen auf 180 °C (Ober- und Unterhitze) vorheizen. Die Zwiebel abziehen und fein hacken. Etwas Butter in einer Pfanne bei mittlerer Hitze zerlassen und die Zwiebel darin 5 Minuten dünsten. Die Bohnensprossen 2 Minuten in kochendem Salzwasser garen. Abgießen und abtropfen lassen. Den Tofu in Würfel schneiden.

Die Nudeln in einer Schüssel mit Zwiebel, Erdnüssen, Garnelen, Tofu, Sprossen, Sahne und Ei vermengen. Die Form mit der restlichen Butter einfetten und die Nudelmischung einfüllen. Im vorgeheizten Ofen 15 Minuten backen. Den Pasta-Kuchen 10 Minuten ruhen lassen, dann aus der Form lösen und sofort servieren.

Chinesisch

Vorbereitungszeit 40 Minuten – Backzeit 15 Minuten – Ruhezeit 10 Minuten

Für 4 Personen

10 g getrocknete Mu-Err-Pilze
360 g chinesische Eiernudeln
1 Stange Lauch
1 Karotte
1 EL Sonnenblumenöl
1 Zwiebel
1 EL Butter
80 g Bohnensprossen
80 g Erbsen
1 Prise Salz
1 Prise Pfeffer
1 Prise gemahlener Ingwer
1 Prise gemahlener Kreuzkümmel
1 TL frisch gehackte Petersilie
1 Knoblauchzehe
150 ml Béchamelsauce (siehe Seite 34,
   gut ½ Rezeptmenge)
1 TL Butter
125 g gegarte ausgelöste Garnelen
30 g Sesamsaat

Form
Kastenform

Die Pilze in eine Schüssel mit kaltem Wasser geben und 10 Minuten einweichen, dann abgießen und trocken tupfen. Inzwischen die Nudeln in kochendem Salzwasser bissfest garen, dann abgießen und unter fließendem kaltem Wasser abschrecken.

Den Backofen auf 180 °C (Ober- und Unterhitze) vorheizen. Den Lauch putzen und in feine Ringe schneiden. Die Karotte schälen und in dünne Scheiben schneiden. Das Öl in einer Pfanne erhitzen und Lauch und Karotte darin bei mittlerer Hitze 10 Minuten garen. Beiseitestellen. Die Zwiebel abziehen und fein hacken. 1 EL Butter in der Pfanne bei mittlerer Hitze zerlassen und die Zwiebel darin 5 Minuten dünsten. Die Bohnensprossen 2 Minuten in kochendem Salzwasser garen. Mit einem Schaumlöffel herausnehmen und abtropfen lassen. Nun die Erbsen ins kochende Wasser geben und 3 Minuten garen. Abgießen und abtropfen lassen.

Die Nudeln in einer Schüssel mit Zwiebel, Salz, Gewürzen und Petersilie vermengen. Den Knoblauch abziehen, zerdrücken und mit der Hälfte der Béchamelsauce unter die Nudelmischung mengen. Die Form mit der Butter einfetten und die Hälfte der Nudelmischung einfüllen. Lauch und Karotte darauf verteilen. Mit den Mu-Err-Pilzen bedecken. Die restliche Béchamelsauce in einer zweiten Schüssel mit Bohnensprossen, Erbsen und Garnelen vermengen. Diese Mischung auf den Pilzen verteilen. Mit der restlichen Nudelmischung bedecken. Die Sesamsaat in einer Pfanne bei mittlerer Hitze 5 Minuten ohne Fettzugabe rösten und auf der Nudelmischung verteilen. Im vorgeheizten Ofen 15 Minuten backen. Den Pasta-Kuchen 10 Minuten ruhen lassen, dann aus der Form lösen und sofort servieren.

Mexikanisch

Vorbereitungszeit 30 Minuten – Backzeit 15 Minuten – Ruhezeit 10 Minuten

Für 4 Personen
200 g Fusilli
4 rote Paprikaschoten
1 TL Butter
250 g Rinderhackfleisch
1 Avocado
150 g Kidneybohnen aus der Dose
   (Abtropfgewicht)
300 g passierte Tomaten
Salz, Pfeffer

Form
hitzebeständige Schüssel

Die Pasta in kochendem Salzwasser bissfest garen, dann abgießen und unter fließendem kaltem Wasser abschrecken.

Den Backofen auf 180 °C (Ober- und Unterhitze) vorheizen. Die Paprikaschoten entkernen und in 3 cm breite Streifen schneiden. 20 Minuten in einem Topf dämpfen. Die Schüssel mit den Paprikastreifen auskleiden.

Die Butter in einer Pfanne zerlassen und das Hackfleisch darin bei starker Hitze 5 Minuten braten. Die Avocado schälen, entkernen und würfeln. Die Bohnen abtropfen lassen.

Die Pasta in einer zweiten Schüssel mit Hackfleisch, Avocado, Bohnen und passierten Tomaten vermengen. Mit Salz und Pfeffer würzen. Die Pasta-Mischung in die Schüssel füllen und im vorgeheizten Ofen 15 Minuten backen. Den Pasta-Kuchen 10 Minuten ruhen lassen, dann aus der Schüssel stürzen und sofort servieren.

Milchnudeln

Vorbereitungszeit 5 Minuten – Backzeit 1 Stunde – Ruhezeit 10 Minuten

Für 8 Personen
250 g Buchstabennudeln
1 Liter Vollmilch
30 g Zucker
1 Päckchen Vanillezucker
½ TL Zimtpulver

Form
Backform, 22 cm Durchmesser

Den Backofen auf 160 °C (Ober- und Unterhitze) vorheizen.

Alle Zutaten in einer Schüssel verrühren und in die Form füllen.

Die Milchnudeln im vorgeheizten Ofen 1 Stunde backen. Dabei gelegentlich umrühren, damit sich keine Kruste bildet. Warm oder kalt servieren.

Dankesworte

Danke an meine Töchter Cloélia, Eléa und Callista, dass ihr so bereitwillige Testkaninchen wart und alle Pasta Cakes geradezu verschlungen habt.

Danke an meine Schwester Élodie für die Speck-Käse-Torte!

Danke an Léila und Valéry für die tollen Fotos.

Danke an das ganze Team von Marabout für euer Vertrauen.

Alphabetisches Rezeptverzeichnis

ISBN 978-3-8094-3958-5

1. Auflage

© 2018 by Bassermann Verlag, einem Unternehmen der Verlagsgruppe
Random House GmbH, Neumarkter Straße 28, 81673 München
© der Originalausgabe Hachette Livre (Marabout), 2017
Originaltitel: Pasta Cake

Umschlaggestaltung: Atelier Versen, Bad Aibling
Herstellung: Elke Cramer
Projektleitung: Anja Halveland

Realisierung der deutschen Ausgabe: trans texas publishing services GmbH, Köln
Übersetzung: Lisa Heilig, Köln

Satz: Axel Weber (trans texas publishing services GmbH)
Druck & Verarbeitung: Těšínská tiskárna, Český Těšín

Printed in the Czech Republic

Verlagsgruppe Random House FSC® N001967